Nicola Guerra

Meccanismi esignificati linguistici di un´identità contemporanea: Analisi dello spazio linguistico di una tifoseria Ultras di calcio

GRIN Verlag

Bibliografische Information der Deutschen Nationalbibliothek:

Die Deutsche Bibliothek verzeichnet diese Publikation in der Deutschen National-
bibliografie; detaillierte bibliografische Daten sind im Internet über http://dnb.d-
nb.de/ abrufbar.

Imprint:

Copyright © 2011 GRIN Verlag GmbH
Druck und Bindung: Books on Demand GmbH, Norderstedt Germany
ISBN: 978-3-656-20528-9

This book at GRIN:

http://www.grin.com/en/e-book/194592/meccanismi-esignificati-linguistici-di-un-
identita-contemporanea-analisi

GRIN - Your knowledge has value

Der GRIN Verlag publiziert seit 1998 wissenschaftliche Arbeiten von Studenten, Hochschullehrern und anderen Akademikern als eBook und gedrucktes Buch. Die Verlagswebsite www.grin.com ist die ideale Plattform zur Veröffentlichung von Hausarbeiten, Abschlussarbeiten, wissenschaftlichen Aufsätzen, Dissertationen und Fachbüchern.

Visit us on the internet:

http://www.grin.com/

http://www.facebook.com/grincom

http://www.twitter.com/grin_com

MECCANISMI E SIGNIFICATI LINGUISTICI DI UN'IDENTITÀ CONTEMPORANEA: ANALISI DELLO SPAZIO LINGUISTICO DI UNA TIFOSERIA ULTRAS DI CALCIO.

Nicola GUERRA – University of Turku (Finland) –

ABSTRACT

The article focuses on the football Ultras and their involvement in the stadium as a social situation and contextual environment from a sociolinguistical point of view. The tribes of the Ultras differ one from the other and the study focus on the Fiorentina Ultras (Ultras Viola) as it is a very big community of football followers with an historical role in the Ultras phenomenon. Among the different means of communication and the many ways of conceiving the Ultras Viola identity, the study focuses on the analysis of the Fiorentina Ultras' banners exposed in the stadiums. The sample of banners analysed in the present article is made of 114 banners exposed by the Fiorentina Ultras from the season 2004/2005 to the present. A sociolinguistical analysis of the banners allows me to identify the styles of communication and the different ways of expression as well as the constitutional dynamics of the Fiorentina Ultras' identity.

Key words: Sociolinguistics; Ultras; Football

1. Finalità dello studio e metodo

Il fenomeno Ultras, il popolo che fa dall'impegno nel sostenere la propria squadra di calcio un tratto distintivo, riceve spesso l'attenzione dei *media* in seguito a episodi socialmente stigmatizzabili; ma questo fenomeno può essere osservato e studiato anche secondo prospettive diverse rispetto a quelle che lo espongono al clamore dei giornali e dei programmi televisivi (Sebastiao 2008: 119-129).

Il presente elaborato guarda allo stadio di calcio come spazio di significazione legato a processi costruttivi di soggettività individuali e collettive che in esso trovano realizzazione e rappresentazione. Si tratta di prendere in esame una spazialità che prima ancora che fisica è questione sociale e culturale, ma anche linguistica e narrativa. Questa spazialità acquisisce notevole rilevanza se osservata alla luce della tesi di Huizinga (1939), secondo la quale l'uomo esprime il meglio della propria natura intima attraverso attività la cui matrice è ludica, e se si rigetta la concezione, avanzata da Sebastio che i limiti del terreno di gioco marcherebbero i confini tra l'evento sportivo, inteso come prestazione, da ciò che invece fa parte dell'evento calcistico, come fatto sociale (Sebastiao 2008: 121). Ciò in virtù del fatto che negli stadi di calcio italiani è in corso un processo che mira all'abbattimento fisico delle barriere che separano i calciatori dai tifosi (FirenzeToday: 2011) e che, dai calciatori stessi, il pubblico è ritenuto il *dodicesimo uomo in campo* (Calcioblog.it: 2007) : dunque l'evento partita di calcio, con tutti i suoi attori (calciatori, tifosi, allenatori, massaggiatori, dirigenti delle società sportive etc.) ed il loro interagire, diviene spazio di significazione unico senza confine alcuno. È proprio concependo questo spazio in modo unitario che questo studio incentra la sua attenzione sul ruolo che la comunicazione Ultras assume sia a livello linguistico sia di costituzione delle identità collettive.

Gli Ultras animano lo stadio con un ricco repertorio scenografico, abbigliamenti particolari, cartelli, striscioni ed un'ampia produzione di altri segni espressivi e di oggetti (Salvini 2004: 61), e il presente studio analizza uno dei principali elementi di comunicazione che gli Ultras adottano: lo striscione – cartello esposto durante l'evento sportivo. Esso, con la sua forma scritta, offre il vantaggio della cristallizzazione del pensiero Ultras legato all'evento sportivo e consente di svolgere una analisi di ciò che gli Ultras vogliono comunicare e come lo fanno (Guerra, Vardanega, Imperi 2010: 7-12). Lo striscione è un foglio o tessuto su cui i tifosi esprimono passioni, frustrazioni, il proprio livello culturale, su cui sono nati stili, modelli, slogan, usati ritornelli popolari, citazioni di ogni tipo. Ogni domenica assistiamo all'esposizione di striscioni che ricordano, glorificano, deridono o attaccano qualcuno; striscioni piccoli, grandi, in italiano, in forma dialettale, in inglese. Migliaia di parole che determinano un valore aggiunto per tutto il calcio, dando alla competizione un significato altro rispetto alla semplice partita, arricchendola di partecipazione emotiva.

È utile specificare subito che parlare degli Ultras come di un fenomeno omogeneo è fuorviante, in quanto frammentazione dei gruppi e diverse realtà sociali hanno dato vita a differenti modi di rappresentarsi Ultras, e tracciare un profilo che si pretenda complessivo diventa improbabile (Ferreri 2008: 128, 155). Anche per questo motivo, per non incorrere in un approccio approssimativo, questo studio si focalizza su una sola tifoseria, gli *Ultras viola* della squadra *ACF Fiorentina*, ed intende, attraverso lo studio del linguaggio e del testo dei loro striscioni, mettere in luce come essi si raccontano: le modalità narrative che concorrono a generare la realtà Ultras Viola.

La scelta dell'universo Ultras Viola risponde ad una serie di differenti motivi. I tifosi della Fiorentina, tra i più numerosi in Italia ricoprono un ruolo storico sia nella nascita del fenomeno delle tifoserie organizzate sia in quella del fenomeno Ultras (De Anna 2009: 163-175). La storia della squadra viola è, inoltre, tempestata di eventi traumatici e difficili (record delle partite consecutive senza ricevere un rigore a favore, e quello di essere la squadra che nei settantuno campionati di serie A disputati ha subìto il maggior numero di rigori) che solitamente dagli studiosi del fenomeno Ultras vengono considerati come promotori di un clima di intemperanza e violenze. Nonostante ciò i media nazionali riconoscono la nascita di uno *stile viola* nel segno del fair play unito alla storica passione sportiva dei tifosi della Fiorentina. L'analisi sociolinguistica dello spazio narrativo avviene attraverso lo studio di 114 striscioni esposti dagli Ultras viola in un arco di tempo che va dal campionato 2004/2005 a quello 2009/2010.

2.   Tra poesia burlesca e campanilismo fiorentino

Negli striscioni esaminati si evidenzia un'alta densità di figure retoriche, della parodia, del comico e del gioco verbale che rimandano inequivocabilmente alla tradizione della poesia burlesca. Un genere che nel riso e nell'asprezza, garantisce una libertà espressiva e culturale che ne fa una poesia di reazione (Nigro s.d.: 119-158). Essa trova oggi sua necessità in uno spazio sociale come lo stadio nel quale i controlli sono divenuti sempre più ferrei e lo stigma sociale sempre più forte. Se il Burchiello si accapigliò col potere dei Medici, gli Ultras viola si accapigliano coi potenti e coi poteri occulti del calcio; se il Pulci palesò la sua antipatia per il prete–poeta Matteo Franco e per Marsilio Ficino, i tifosi della Fiorentina sembrano ribellarsi allo stigma dei media, mostrando che essere Ultras non significa sempre violenza ma anche ironia, parodia e gusto del comico.

Se nella poesia burlesca non mancano la denuncia, la rabbia e il ridere amaro, altrettanto si può dire della comunicazione che emerge dagli striscioni degli Ultras viola che continuano la tradizione di questo filone poetico nato nella Firenze del Duecento ed esploso come vero e proprio genere nel Cinquecento, mantenendo sempre una forte matrice regionale toscana. Appare evidente come a livello stilistico sia possibile rintracciare una comunanza tra la poesia burlesca di Cecco Angiolieri, Rustico di Filippo, Burchiello, Francesco Berni, Anton Francesco Grazzini e la poesia calcistica della tifoseria viola esposta con striscioni esilaranti-amari, comico–grotteschi, ironici e irriverenti. La vicinanza tra poesia burlesca e calcio appare peraltro nell'opera del Grazzini, tra i fondatori dell'Accademia della Crusca, nei versi che lodano il calcio fiorentino, *In lode della palla al calcio*, perché offre la possibilità di abbracciare e stringere finalmente il corpo di un bel ragazzo a lungo desiderato con la scusa di impedirgli di prendere il pallone:

E molte volte un giovane è concesso
di toccar ad un pover compagnetto,
che in altro mo' [modo] non gli saria mai presso.
Quest'è un largo dono, un gran diletto,
che se v'è alcun tra gli altri che ti piaccia,
tu'l segui tanto che vieni all'effetto [arrivi vicino];
poi fai le vista [fai finta] che ti sconci o impacci,
in tanto le sue membra vaghe e belle
a dispetto del ciel stringi ed abbracci

Volendo cercare radici più prossime agli eventi calcistici in esame, ma non per questo slegate dalla medesima tradizione burlesca fiorentina, appare evidente l'assonanza stilistica ed il tono di diversi striscioni con la parlata e le battute di Mascetti, Perozzi, Necchi, Melandri e Sassaroli, che il regista Mario Monicelli regala alla città di Firenze col capolavoro cinematografico *Amici Miei*, un'opera che diventa un manifesto culturale dell'ironia e del genio di un popolo e vale al regista il conferimento della cittadinanza onoraria fiorentina. Con i cinque "amici miei", il geniale Perozzi, lo spiccio Necchi, il diabolico Sassaroli, lo strampalato e irriverente Melandri ed il Conte Mascetti, nobile alla canna del gas con in tasca solo una risata, Monicelli affida alla bobina del film, un respiro di fiorentinità autentica. È in questo film che ha origine la parola *supercazzola*, utilizzata nel gergo comune per indicare un giro di parole talvolta privo di alcun senso, fatto allo scopo di confondere le idee al proprio interlocutore.

Allo stesso modo sono spesso confusi ed esterrefatti i tifosi avversari della Fiorentina all'esposizione di striscioni esilaranti come ad esempio: «*28 scudetti 2 coppe campioni ... in Italia ladri in Europa coglioni*»; «*Cassano pappone con 700 maiale i'cche tu gioi a fare ai pallone*»; «*di giorno la pippi la sera lo puppi*». Questi striscioni presentano una estensione del testo maggiore del consueto stile slogan che caratterizza i messaggi da stadio e creano, perciò, un effetto atto a spiazzare il tifoso avversario ad una prima lettura. Come nello stile della *supercazzola* c'è l'intento di dilungarsi nella battuta non ricercando tanto una generica forma di humour ma la sbeffeggiatura. Nel primo caso, esposto in una partita contro la Juventus, «*28 scudetti 2 coppe campioni ... in Italia ladri in Europa coglioni*», lo striscione funzionerebbe anche soltanto nella sua seconda parte («*in Italia ladri in Europa coglioni*»), ma viene creato un preambolo che preso a se stante potrebbe sembrare positivo (enuncia infatti il numero di vittorie) e, invece, serve a creare attesa nel lettore. Si tratta di un dilungamento sbeffeggiatore che viene compreso solo dopo aver letto il messaggio finale che chiude in rima rafforzando la potenza comunicativa. Nell'altro striscione esposto contro la Juventus, in riferimento alla vicenda di Lapo Elkann, ricoverato in ospedale a seguito di un'overdose di cocaina assunta in compagnia di un transessuale, («*di giorno la pippi la sera lo puppi*»), è la fonetica a prendere il predominio e a ricordare per musicalità, unita all'irriverenza del testo, la tecnica della *supercazzola* che confonde prima il lettore per poi irriderlo.

Prendendo sempre a riferimento *Amici miei*, in questo caso il secondo atto, va notato in esso un messaggio che non può che rimandare allo spirito di alcuni striscioni esposti in occasione di partito di calcio tra Fiorentina ed altre squadre toscane. Nel finale del film i tre amici portano il conte Mascetti, immobilizzato su una sedia a rotelle, ai campionati di atletica per paraplegici e mentre egli è ultimo nella competizione, lo incitano dalle gradinate a gran voce, gridandogli che l'importante è partecipare. In realtà si nota che il Mascetti si è iscritto alla gara come rappresentante di Pisa e che sta perdendo la competizione di proposito per far figurare i pisani ultimi in classifica.

Questo spirito irridente nei confronti delle altre squadre toscane si evidenzia in striscioni come quelli esposti contro il Siena («*sudditi fate largo a Firenze*»; «*Buono il panforte ... mettetevelo in culo!*»; «*il panforte un lo mangia nemmeno il maiale*»; «*"il palio" corretelo su questo ronzino*» – immagine fallica; «*noi siamo per la contrada della topa*»; «*Aceto si ma ... "barsamico"*»; «*ieri schiavi ghibellini oggi solo contadini!*») o l'Empoli («*O voi disertori dell'aratro*»; «*Empoli: senza storia senza targa*»;«*ancora senza targa*»). In quelli esposti in occasione delle partite giocate contro il Siena si nota il tono tipico del campanilismo fiorentino e toscano che riguarda la storia (l'appellativo *sudditi* adoperato più volte rimanda alla fine della Repubblica Senese del 25 aprile 1555, la tradizione culinaria (denigrazione del panforte) e le antiche pratiche sportive (il palio ed il suo fantino protagonista, Aceto, irrisi perché Firenze ha il calcio nella storia e Siena il *ronzino*) associate a terminologie scurrili che tanto ricordano una celebre battuta del Necchi: «Già che tu ci sei vai anche un minutino affanculo...». Per quanto concerne l'Empoli il piano, pur rimanendo quello campanilistico, irride ad un passato che, secondo i fiorentini, non c'è mai stato («*Empoli: senza storia senza targa*»). Ad Empoli, rispetto a Siena, i tifosi viola non sembrano concedere neanche l'onore del confronto: «*Giù La Testa Passa Firenze*».

Il tono generale, burlesco, iperbolico e sarcastico che si palesa sin da una prima analisi degli striscioni esposti dagli Ultras della Fiorentina appare, dunque, saldamente inserito nel lungo filone dell'ironia fiorentina che attraversa la storia sociale, letteraria e cinematografica della città di Firenze e che, non risparmiando nessuno, talvolta si trasforma anche in goduta autoironia. Ciò appare negli striscioni: «*Glande Nakata*»; «*quanta fica c'avrei coi capelli di Frey*»; «*Cor–vino ... si vola*»; «*devoti a San–tana*»; «*... oh Cesare* [Cesare è il nome di Prandelli, allenatore della Fiorentina] *Fonzi rivole i giubbotto*». Nel primo caso, in tono critico ed ironico verso il giocatore giapponese della Fiorentina Nakata, prendendo spunto dalla trasformazione delle "r" in "l" effettuata nella pronuncia degli orientali che si cimentano con la lingua italiana, i tifosi viola trasformano un improbabile "grande", data la loro insoddisfazione per le prestazioni sportive del calciatore, in un dissacrante *glande*. Lo striscione relativo al portiere Frey, idolo dei tifosi viola, assume un tono benevolo e di simpatia pur ironizzando sulle eccentriche capigliature del calciatore. Gli striscioni dedicati al direttore sportivo Corvino («*Cor–vino ... si vola*») ed al calciatore viola Santana («*devoti a San–tana*») giocano invece sulla scomposizione dei loro cognomi che porta ad associazioni concettuali.

La vena burlesca ed ironica degli Ultras viola è spesso riconosciuta anche dagli avversari come nel recente caso di Ciro Ferrara, allenatore della Juventus, che ha auspicato un sano comportamento dei tifosi che deve essere improntato allo sfottò e non alla violenza. Facendo ciò l'allenatore juventino ha affermato di ricordare ancora con grande simpatia tre striscioni-sfottò che gli Ultras viola gli riservarono in occasione di un suo infortunio alla gamba: «*Ferrara sei proprio un «ragazzo in gamba»*; «*Ferrara corri ai Mondiali*»; «*Ferrara salta con noi*» (Fiorentinanews 2009).

3.   Ultras in uno stadio apolitico

Sin dal primo esame degli striscioni esposti dagli Ultras viola, emerge la totale assenza di simboli politici e di tematiche narrative ispirate da ideologie politiche. Il fenomeno della politicizzazione delle curve è ben noto e oggetto di studio (Guerra 2008: 112-125), tuttavia è interessante rilevare come a Firenze vi sia una assenza della politica dallo stadio ed una eccesiva politicizzazione venga, addirittura, rinfacciata ai tifosi avversari: «*Livorno: AAA cercasi ultras in una curva di politici*» e «*Roma: AAA. cercasi ultras in una curva di politici*»

Nonostante la cittadinanza fiorentina abbia espresso a partire dal secondo dopoguerra un netto orientamento politico per la Sinistra–Centrosinistra, emerge il desiderio di vivere la passione calcistica in modo libero da connotazioni politiche. Quando i tifosi viola discutono tra fazioni portatrici di diversi punti di vista, lo fanno esclusivamente per questioni tattiche, per valutazioni sulle prestazioni dei diversi giocatori e per le scelte societarie in tempi di campagna acquisti. Dunque la politica con la sua simbologia ed i suoi slogan, a differenza di altre tifoserie, non entra nelle coreografie degli Ultras viola e non condiziona gemellaggi storici con tifoserie, come quella del Hellas Verona, solitamente accostate ad ideologie differenti da quelle maggioritarie a Firenze.

4.   La costruzione di una identità condivisa

Gli striscioni degli Ultras viola non sempre rimandano al mondo calcistico; è molto frequente il ricorso a tematiche che mirano a costruire un'identità che vada oltre il calcio e che affondi le sue radici nelle tradizioni storiche, culinarie e letterarie legate alla città. Emerge cioè una comunicazione autoreferenziale–interna alla squadra che avviene tramite parole che esprimono orgoglio, solidarietà, partecipazione e incoraggiamento per la propria squadra. Inoltre talvolta gli Ultras viola richiamano dinamiche e personaggi che non fanno parte della cultura condivisa pubblicamente aldilà dell'universo Ultras. Per esempio, gli striscioni «*Matilde e Margherita benvenute tra noi* e *Massimo: il ricordo del tuo sorriso sarà la nostra forza*» sono espressione, resa pubblica, di legami affettivi interni alla comunità di tifosi e difficilmente decifrabili da altri. Questo elemento accresce ancora di più il senso di unione perché lo stadio viene eletto a luogo dove esprimere sentimenti ed emozioni al di là della conoscenza dei singoli individui tra loro, e la gioia o il dolore divengono comuni in virtù dell'appartenenza al gruppo, come nel caso dello striscione: «*un fratello non si dimentica — Tucano per sempre*».

Un'altra forma comunicativa presente è quella rivolta agli avversari e tesa a comunicare una comune identità culturale superiore dei tifosi della Fiorentina. Questa forma comunicativa fa ricorso ad espressioni rivolte agli avversari, che mirano a rinforzare la propria identità in opposizione a quella altrui. Nel caso degli striscioni degli Ultras viola la manifestazione del proprio onore, di orgoglio e superiorità anche culturale va di pari passo con espressioni miranti a svalutare le squadre avversarie attingendo spesso ad elementi culturali e sociali che ne esprimano l'inferiorità a 360 gradi; questo sempre in modo ironico e non aggressivo. Questo confronto avviene sul piano della tradizione socioculturale (gli empolesi vengono definiti «*disertori dell'aratro*», cioè "burini" e campagnoli, come gli atalantini, accolti con un «*Benvenuti contadini*»), della tradizione storica («*Empoli: senza storia, senza targa*» oppure «*Viola avanti, lottiamo da calcianti*», che include un riferimento al calcio storico fiorentino; ed ancora: «*Il palio corretelo su questo ronzino*», laddove la tradizione del palio di Siena è sostituita da una chiara allusione ad altro tipo di ronzino, disegnato nello striscione con le sembianze di un fallo), della tradizione culinaria (dagli auto compiaciuti «*Quelli che il Chianti*» e «*Tifosi DOCG*» a «*Buono il panforte… mettetevelo in culo*» riferito ai senesi) e letteraria («*Lasciate ogni speranza voi che entrate*», chiaro riferimento a Dante). Si tratta di una comunicazione rivolta a terzi che evidenzia come gli Ultras si sentano uniti da una comune identità culturale superiore che esula dalla vita calcistica. È proprio nei confronti degli avversari toscani, Empoli, Siena, Livorno e Pisa, che il tono irridente degli striscioni si acuisce. L'antipatia degli Ultras viola per le altre squadre della regione risiede anche in questioni extracalcistiche di campanile che sono tradizione della terra Toscana. Scriveva Goethe in viaggio in Italia: *Qui sono tutti in urto, l'uno contro l'altro, in modo che sorprende. Animati da un singolare spirito di campanile, non possono soffrirsi a vicenda* (Caruso 2008).

Ma ancor prima delle parole dello scrittore tedesco valgano a monito quelle espresse su Pisa del fiorentino Dante, citato dagli stessi Ultras viola con lo striscione *«Lasciate ogni speranza, voi ch'entrate»*, nel XXXIII Canto dell'Inferno:

Ahi Pisa, vituperio de le genti
del bel paese là dove 'l sì suona,
poi che i vicini a te punir son lenti,
muovasi la Capraia e la Gorgona,
e faccian siepe ad Arno in su la foce,
sì ch'elli annieghi in te ogne persona!

Una ulteriore forma di comunicazione a mezzo striscione, prevalentemente esposta in occasione di partite tra la Fiorentina e squadre non toscane, si focalizza su eventi di attualità, scandali ed ingiustizie. La comunicazione avviene in questo caso attraverso espressioni di denuncia di ingiustizie subite e di identificazione di un nemico comune. Gli striscioni si focalizzano su precisi eventi e personaggi autori di azioni immorali e antisportive. Esemplari in questo caso sono i messaggi dedicati a Moggi, dirigente della Juventus. Parafrasando il famoso romanzo di Tolkien, questo protagonista di molti scandali legati a *calciopoli* viene definito *«Il signore dei tranelli»*; gli Ultras viola ironizzano inoltre sulle sue telefonate alla classe arbitrale scrivendo uno striscione che lo consiglia ironicamente su come ridurre i costi della propria bolletta telefonica: *«Moggi passa a Vodafone, hai 100 minuti di chiamate gratis!»*. Le parole dei tifosi mirano a contrapporre l'integrità della loro squadra alla corruzione e immoralità altrui. In tutti questi casi i sentimenti di unione e identità dei tifosi viola sono quindi rafforzati dal fine di lotta contro i citati nemici comuni.

Un altro stile comunicativo che emerge ha finalità prettamente ludiche e mira alla costruzione di complicità e condivisione di un comune sentimento ludico. Si tratta di espressioni che sbeffeggiano, attraverso giochi di parole o battute allusive legate al sesso e al gergo popolare, personaggi legati più o meno direttamente alla realtà calcistica, che spesso si sono esposti a scandali extracalcistici. *«Di Canio vacci piano guarda Elkann e Culissano»* è il consiglio che, a mezzo di un lungo striscione, i tifosi della Fiorentina indirizzano al giocatore laziale, rinomato nell'ambito Ultras per il suo comportamento eccentrico ed eccessivo. Prendendo spunto dallo spot di una nota acqua minerale, i tifosi della Fiorentina deridono il capitano della Juventus: «*Del Piero, parla col mio uccello*». Anche il capitano della Roma viene deriso, per il suo modo di esultare succhiando il pollice, attraverso la propria moglie con una frase contenente una chiara allusione sessuale: «*Totti ciuccia i dito... e l'Ilary?*». In tutti questi casi gli Ultras viola appaiono legati da una ritualità che accresce non soltanto l'autocompiacimento dei tifosi autori dello striscione, capaci di stupire con le loro abilità comico–linguistiche, ma soprattutto il senso di appartenenza nella complicità con tutti gli altri tifosi, uniti dal comune spirito ludico.

5. Conclusioni

Il principale risultato del presente studio consiste nell'individuazione di come gli Ultras viola si inseriscano in un *continuum* IO–tifoso ed IO–cittadino, nel quale Firenze-Fiorentina sono percepite come un'unità costruita sulla fierezza, l'orgoglio, la storia e la tradizione, elementi che negli striscioni emergono sia come fondanti della propria storia sia come fattori di superiorità rispetto agli avversari. Il cittadino–tifoso avverte e manifesta il forte orgoglio di vivere Firenze ed il privilegio di tifare la Fiorentina all'interno di un unico spazio identitario che diviene concreto attraverso la conquista sportiva e culturale espressa negli striscioni.

Gli striscioni appaiono come proseguimento dell'antico stile letterario del burlesco e del filone ironico dissacrante fiorentino che attraversa la vita di tutti i giorni, rimbalza nella commedia cinematografica ed echeggia all'interno dello stadio. Gli Ultras viola inneggiano, inoltre, ai giocatori della propria squadra come a dei calciatori–calcianti in un legame temporale tra calcio attuale e calcio storico. È infatti tradizione fiorentina quella secondo la quale la partita di calcio non è un solo rincorrersi di corpi dietro ad una palla ma qualcosa di più profondo, che va oltre l'aspetto ludico e affonda le sue radici nelle strade e nelle piazze della città sin dai tempi remoti (Lensi 1931). Il calcio concepito come evento che travalica la prestazione sportiva e affonda le sue radici nell'identità della città comporta il fatto che se vince la squadra vince Firenze, in caso di sconfitta perde Firenze. Il calciatore della squadra viola diventa il calciante del 1530 che gioca e lotta per la città di Firenze e ciò rimanda alla teoria dello sport come costruzione dello stato di Gasset (1941), a metà tra la filosofia della storia e la ricostruzione mitologica. Il ratto delle Sabine, universalizzato dal filosofo spagnolo per dimostrare la vena antirazionalista all'origine dello stato moderno, viene nel caso di Firenze-Fiorentina sostituito dal calcio storico. In questo senso potremmo asserire che, portando alle estreme conclusioni l'analisi della comunicazione degli Ultras viola nel quadro della teoria di Gasset, si assiste ad una rivendicazione di una città-stato di Firenze che affonda le sue radici nella cultura secolare legata anche al mito del calcio storico.

Questo legame identitario squadra–città con le sue radici nella storia culturale, rimanda alle idee forza dello scrittore Vladimir Dimitrijevic (1998) che rivendica la natura profondamente europea del calcio confrontandola con lo sport statunitense caratterizzato da pretese universalistiche, nell'esaltazione dell'unità planetaria globalizzata, a differenza della realtà europea, dove prevale la dimensione mitica che non ha paura degli eroi. Tale tematica si ricollega alle considerazioni di Desmond Morris (1981) per il quale i calciatori in campo assumono le vesti di moderni eroi tribali: nel caso Fiorentina si assiste alla trasposizione da atleta moderno a calciante del calcio storico e lo spazio eroico diviene la tradizione della città. Eroi i calciatori–calcianti ed eroi i cittadini–tifosi uniti nel nome del primato di Firenze–Fiorentina. Lo spazio di significazione stadio evidenzia un *unicum* Firenze–Fiorentina vissuto nelle sue connotazioni storico–culturali apportatrici di una superiorità ritenuta assoluta rispetto agli avversari.

Vale la pena soffermarci, riguardo a tale superiorità percepita e rivendicata dagli Ultras viola, su l'idea di Guttman (1978) secondo il quale lo sport moderno, attraverso una democratizzazione della pratica e del consumo, diviene promotore di *uguaglianza* senza valenze classiste. Lo status di nobiltà e superiorità attribuito dai tifosi viola a Firenze–Fiorentina contrasta chiaramente col ruolo di promotore di *uguaglianza* che Guttman attribuisce allo sport moderno: tale contrapposizione appare ancora più marcata in virtù del fatto che la superiorità percepita dai tifosi viola (consumo) viene da essi proiettata anche sugli attori della partita (pratica) che da calciatori divengono calcianti.

Interessante è, inoltre, inquadrare in quale spazio ideale / significativo / significante gli Ultras viola espongano gli striscioni, interpretando la realtà fiorentina all'interno della teoria dell'*ammasso moltitudinario* (Leone 2006). Quest'ultima, improntata ad un concetto di stadio concepito come spazio fisico, descrive il comportamento degli Ultras principalmente come rivendicazione di uno spazio territoriale (curva–stadio). La rivendicazione di superiorità avanzata dal cittadino–tifoso viola va, invece, oltre la conquista fisica dello stadio ed affonda le sue radici nel legame tra Ultras e lingua, storia, cultura e tradizioni. Lo spazio fisico stadio rappresenta per gli Ultras viola il naturale contesto della comunicazione di un sistema valoriale complesso, cristallizzato nel mezzo striscione, più che il semplice territorio di conquista concepito dalla teoria dell'*ammasso moltitudinario*. Si assiste, attraverso un mezzo fisico (striscione) ed in uno spazio fisico (stadio), alla rivendicazione da parte degli Ultras viola di uno spazio ideale (superiorità–nobiltà) che tutti dovrebbero attribuire alla realtà Firenze-Fiorentina.

Il desiderio di rappresentazione esercitato dalla comunità Ultras viola impone, inoltre, alcune considerazioni sul modello di aggregazione presente e su come esso si colleghi ai valori comunicati. I gruppi Ultras sono spesso paragonati dai media a delle vere e proprie tribù, dove questo termine viene adoperato con connotati negativi e correlato al degrado sociale delle periferie urbane. È piuttosto vero che, inquadrando il concetto di aggregazione all'interno delle teorie sociologiche, il fenomeno comunitario Ultras viola, con i suoi codici identitari e di comunicazione, risponda in parte alla definizione di tribù urbana formulata da Maffesoli (1996). Egli definisce le tribù urbane come microgruppi che condividono interessi comuni nelle aree metropolitane, costituiti solitamente da un numero ridotto di membri, tendenti ad avere visioni del mondo comuni, stile di vestiario condiviso, uniformi modelli comportamentali e legami aggregativi in base ad interazioni prevalentemente informali e guidate da fattori emozionali. Nel caso Ultras viola, sebbene la tribù travalichi dimensionalmente il microgruppo, si assiste certamente alla presenza di un vestiario condiviso, di modelli comportamentali comuni improntati all'informalità e di una comune visione del mondo nella quale Firenze–Fiorentina rivendica uno spazio di distinzione e superiorità che, espresso in un contesto emotivo come quello calcistico, si fonda su motivazioni storiche, culturali, sportive e morali. Si presenta, dunque, una fattispecie ben descritta dalla scuola configurazionale con i suoi teorici (Dunning 1971; Elias e Dunning 1989; Bale e Maguire 1994) che sostengono come gli attori degli odierni sport agiscano non solo in rappresentanza di se stessi, ma siano i rappresentanti di una più ampia collettività, che può giungere a comprendere un intero spazio–nazione (in questo caso Città stato – Firenze), dei suoi stili, della sua cultura e delle tensioni all'interno della struttura sociale.

Per sua natura lo striscione è ideato e realizzato prima dell'evento, nel quale, esposto, mostra e rivendica i suoi contenuti. Comporta, dunque, la presenza di forme aggregative riconosciute e legittimate ad esporlo che alla sua realizzazione dedicano tempo e sforzo creativo. Diviene pertanto interessante valutare tale produzione all'interno dell'analisi del dilemma tempo libero–sport/lavoro. Il caso oggetto del presente elaborato non sembra lasciar scampo al punto di vista del materialismo marxista per il quale l'attività ludica avrebbe un legame di derivazione–subordinazione rispetto a quella lavorativa (Hinman 1977). Quanto viene comunicato dai tifosi della Fiorentina a mezzo degli striscioni evidenzia come sia presente una forte identità cittadino–tifoso che si pone in contrasto con un rapporto di subordinazione del tempo libero–sport a quello finalizzato al miglioramento delle condizioni materiali. Si riscontra, piuttosto, un uso del tempo ludico nel quale i tifosi mirano ad esprimere il meglio di sé: la propria identità. Ciò concorda con la tesi di Huizinga secondo la quale l'uomo esprime la propria identità intima attraverso attività di matrice ludica: a Firenze gli Ultras viola manifestano i cardini valoriali della propria identità complessiva all'interno dell'evento sportivo e li rivendicano con striscioni nei quali riecheggiano le tradizioni secolari della città e la fiorentinità. Si tratta, per dirla con Morris, di un incontro religioso (*«finché morte non ci separi»*) nel quale la partita di calcio a Firenze non solo raduna un vasto gruppo di persone, ma le unisce in una fede comune, non più in una divinità, ma in una squadra–città, assumendo il ruolo significativo di mezzo per affermare un'alleanza locale.

Se dunque gli stessi media nazionali riconoscono la nascita di uno *stile viola* nel segno del fair play unito alla storica passione sportiva degli Ultras della Fiorentina, possiamo concludere che esso affonda le sue radici nell'identità tifoso–cittadino e Fiorentina–Firenze, dove il confronto–scontro con la tifoseria avversaria agisce sul terreno culturale e non su quello dello spazio fisico da occupare e conquistare. A Firenze il fenomeno Ultras si libera da connotati degenerati, legati a rivendicazioni meramente territoriali e a comportamenti violenti, creando un modo più complesso di essere Ultras legato ad elementi della tradizione e della cultura della città. All'interno di questo contesto lo striscione supera il significato classico di succedaneo del vessillo di combattimento per divenire manifesto identitario che rivendica una identità ritenuta superiore a quella dell'avversario in base a dinamiche storiche e culturali.

References

Bale John, Maguire Joseph, *The global sports arena*, London, Frank Cass, 1994. (Bale e Maguire 1994)

CalcioBlog.it, *Più di un dodicesimo uomo in campo*, in http://www.calcioblog.it/post/3355/piu-di-un-dodicesimo-uomo-in-campo. (Calcioblog.it 2007)

Caruso, S., *Montapertismo, malattia toscana. Rivalità secolari condite da sfottò*, in CORRIERE FIORENTINO (http://corrierefiorentino.corriere.it/), 08 agosto 2008. (Caruso 2008)

De Anna, Michael, *Curve pericolose. Gli ultras nel calcio italiano*, in SETTENTRIONE RIVISTA DI STUDI ITALO–FINLANDESI, n. 21, p.163-175. (De Anna 2009) .

Dimitrijevic, Vladimir, *La vie est un ballon rond*, 1998, trad. it: *La vita è un pallone rotondo*, Milano, Adelphi, 2000. (Dimitrijevic 1998)

Dunning Eric, *Sociology of sport: a selection of readings*, London, Cass, 1971. (Dunning 1971)

Elias, Norbert e Dunning, Eric, *Quest for excitement. Sport and leisure in the civilizing process*, 1989, trad. it: *Sport e aggressività. La ricerca di eccitamento nel loisir*, Bologna, Il Mulino, 1990. (Elias e Dunning 1989)

Ferreri, Andrea, *Ultras. I ribelli del calcio. Quarant'anni di antagonismo e passione*, Lecce, Bepress Edizioni, 2008. (Ferreri 2008)

Fiorentinanews.com, *Ferrara: "Apprezzo i tifosi fiorentini, mi presero in giro con ironia sulla gamba"*, in www.fiorentinanews.com. (Fiorentinanews 2009)

FirenzeToday, *Lo stadio Franchi senza barriere già dall'inizio del prossimo campionato*, in http://www.firenzetoday.it/cronaca/elimare-barriere-stadio-artemio-franchi.html, 2011. (FirenzeToday 2011)

Guerra, Nicola, *Storia ed uso della croce celtica nella destra politica italiana*, SETTENTRIONE RIVISTA DI STUDI ITALO–FINLANDESI, N.20, p.112-125. (Guerra 2008)

Guerra, Nicola, Valentina, Imperi e Claudia, Vardanega, *I poeti della curva. Un'analisi sociolinguistica degli striscioni allo stadio*, Roma, Aracne Editrice, 2010. (Guerra, Imperi e Vardanega 2010)

Guttman, Allen, *From ritual to record*, 1978, trad. it: *Dal rituale al record*, Napoli, Edizioni scientifiche italiane, 1994. (Guttman 1978)

Hinman, Laurence M., *Marx's theory of play, leisure and unalienated praxis*, in PHILOSOPHY AND SOCIAL CRITICISM, 5 (2), p. 192-228. (Hinman 1977)

Huizinga, Johan, *Homo Ludens*, 1939, trad. it: *Homo Ludens*, Roma, Einaudi, 1970. (Huizinga 1939)

Lensi, Alfredo, *Il calcio fiorentino*, Firenze, Rinascimento Del Libro Edit, 1931.(Lensi 1931)

Leone, Massimo, *Rappresentare la moltitudine. Qualche riflessione semiotica*, E/C RIVISTA ON-LINE DELL'AISS (www.ec–aiss.it), 2006. (Leone 2006)

Maffesoli, Michel, *The Time of the Tribes: The Decline of Individualism in Mass Society*, London, Sage Publications, 1996. (Maffesoli 1996)

Morris, Desmond, , *The soccer tribe*, 1981, trad. it: *La tribù del calcio*, Milano, Mondadori, 1982. (Morris 1981)

Nigro, Raffaele, *Burchiello e la poesia burlesca tra Quattro e Cinquecento*, L'ILLUMINISTA, http://www.disp.let.uniroma1.it/fileservices/files/nigro.pdf, p. 119-148. (Nigro s.d.)

Ortega y Gasset, José, *Historia como sistema* e *Del Imperio romano*, 1941, trad. ingl: *History as a system and Other Essays Toward a Philosophy of History*, New York, Norton, 1961. (Gasset 1941)

Salvini, Alessandro, *Ultrà. Psicologia del tifoso violento*, Firenze, Giunti Editore, 2004. (Salvini 2004)

Sebastio, Marco, *Ultras. Un contributo semiotico allo studio delle conflittualità negli stadi*, EIC Serie Speciale, Anno II, n. 2, 2008, p. 119-129. (Sebastiao 2008)